www.ingramcontent.com/pod-product-compliance
Lightning Source LLC
La Vergne TN
LVHW052057160826
845678LV00015B/3277

* 9 7 8 3 8 5 3 5 8 3 3 1 9 *

رسائل الغربان

دار حروف منثورة للنشر والتوزيع

الطبعة الأولى

الكتاب: رسائل الغربان

المؤلف: منة أشرف

تصنيف الكتاب: خواطر وتأملات

تصميم الغلاف: فريق الدار

تنسيق داخلي: فريق الدار

مراجعة لغوية: فريق الدار

رقم الإيداع: 2023/8646م

مؤسس الدار

مروان محمد

Website: https://horofpdf.wixsite.com/ebook

Fan page: http://facebook.com/herufmansoura

Email: herufmansoura2011@gmail.com

هاتف جوال: 00201113006296 – هاتف جوال: 00201064054995

خواطر وتأملات

رسائل الغربان

منة أشرف

هذا الكتاب من وحى خيال الكاتب وأي تقارب بين أحداثه وبين أحداث حقيقية أو بين اسماء الأبطال وبين اسماء حقيقة أنما هو من قبيل الصدفة .

لطالما تساءلت عن سر خلق الغربان، فهى مخلوقات لا يعكس تكوينها أي جمال أو جاذبية ففى كل مخلوق خلقه الله يجب أن يضفى عليه من القبول والجمال ما يجعله يأثر قلبك، مثل جمال العيون كالنعام أو جمال الريش والألوان الزاهية مثل الطاووس أو رقة الصوت كالعصافير والحمام ولكن لماذا خلق الله الغربان؟!

كساها الله بلون أسود، ليست كباقى الطيور من ذوي الريش الناعم والألوان المبهجة.

حتى أن طبيعة خلقِها بها حدة وجمود، ليست رقيقة كالحمام واليمام ولا صغيرة الحجم كالعصافير ونعيقها مزعج جداً.

ولا يمكن أكلها لحرمانية أكلها ومرارة لحمها!، الآن فقط علمت أنها المخلوقات الوحيدة المفيدة والمعلّمة للإنسان.

وكأن الله يقول لنا لا تأسرنكم جمال الأجساد والعيون ولكن انظروا لمن سيكون لكم أكثر نفعًا وتعليمًا.

كانت حنان على سطح المنزل تغط فى نوم عميق إذا ما تقلبت سقطت من إرتفاع أربعة طوابق وتوفيت ولكن يحوم حولها 20 غراب من ذوي النعيق المخيف والمزعج ثم تستيقظ قبل فوات الآوان.

الاستيقاظ الكاذب

الغراب رقم واحد: ماذا دهاكِ؟ أتريدين الموت!

ردت عليه الغراب الأنثى: الأحمق لقد فعلها ثانية.

كانت حقيقية ومثالية إلى أبعد حد، زهدها بشدة ورغب فى أخرى مصطنعة، حدثت لها صدمة عاطفية وتحطم قلبها بشدة فقررت الانتقام لكبريائها وأنوثتها التى تحطمت على أعتاب كبريائه المزيف فقررت التغيير لتبدو مصطنعة كالأخريات، فتبيع حيائها لتلائم الجميع ويرغبوا فى مصادقتها لتحصل على رضاه ومرة أخرى تبيع الدين وتتمايع فى إتباع حدود الله طالما سيرضيه ذلك وتارة أخرى تكون فتاة لعوب كما يريد هو لكى ترقي بمنزلة صاحبته وتارة تبيع قلبها وروحها وذكائها حتى تحصل على مزيد من الجمال المزيف الذى يرضيه.

تبيع الحقيقة وتحصل على الوهم لعله يرضي ثم على حين غفلة يدرك أنه ظلمها وأنها حقيقية وليست كالبقية وأنها أفضل منهن جميعاً ثم يعود إليها فيعلم أنها قد تنازلت عن كثير من الغوالي من أجل ذهب مزيف يرضيه، فإذا به تُثار غريزته الرجولية بعد أن أدرك أنوثتها والآن يريد لها أن تتعفف، أن تعود جميلة كما كانت رائعة كما كانت مؤمنة، كما كانت لطيفة، كما كانت مثالية.

تنفض غبار اليأس والحزن عن قلبها وتقاتل بشدة من أجله مرة أخرى لكى تصبح جميلة فى عينيه ثم يعيد الكرة ويلهث وراء أخرى مصطنعة.

حزيران 2017

تبكى بشدة في مضجعها وتكتم صوت أنفاسها بالوسادة بعد أن أدركت أنه تزوج ولن يصبح لها وتسمع صوت فتاة تهمس لها وتقول: لن يكون لكِ أبداً.

فتاة تبغضها بشدة وتتمنى لها الموت فتصرخ بكل قوتها وتركض ناحية النافذة وهى تصرخ:

- آدم لا .. آدم لا

ثم تترك الجميع خلفها عازمة على مفارقة الحياة ثم قبل أن تقفز تدركها جارة لها محاولة تهدئتها وهى تقول لها:

- إهدئى حبيبتي، ماشاء الله، أنتِ جميلة، أنتِ رائعة.

فتغضب بشدة وتضربها فى حالة هيسترية ثم تفقد الوعى بين يديها.

تشرين الثانى٢٠٢٢

أصبحت رائعة، جميلة، أكثر ثقة بعد أن تقرّب منها حازم وجعلها تشعر بتحسن أكثر.

حبه لها أضاء وجنتيها

تذهب وتجيء فى قاعة زفاف أختها كلها حيوية ونشاط، يملئوها الشباب والقوة، عيناها جميلتين كما هى دوماً ووجهها يضيء بالجمال وبه بشاشة وبهاء، تشعر بطاقة تكاد تضئ المكان كالشمس.

تتكلم بكل راحة وبشاشة وسعادة، بصوت لم يألفه أحد من قبل فهى قليلة الكلام. تشعر بأحد يتابعها فتنظر إلى يمناها فإذا به آدم قد زاد وزنه كثيراً واختفت ملامحه الرائعة التى لطالما فتنتها، يرتدى بذلة تبدو باهظة الثمن جدًا ولكن لا تليق به، تجعله يبدو كالمهرج!

تدرك أنه يتابعها بإندهاش فتنظر إليه بحذر ثم تعاود إلى مواصلة حديثها بثقة. تنظر إليه نظرة واحدة فقط تحمل هذه المعانى:

"لعمرك؛ لم أصبر طوال هذه السنين على البلاء ولم اتخطى الشدائد والصعاب وما انتصرت على المرض وفجيعة الفراق والحزن والاكتئاب، لم أصبر وأثبت وأقاوم من أجل عينيك الزاهيتين التى ماعدت أغرق فيهما مثلما كنت أفعل فى الماضي، لم يعد شعرك التى تهتم به وتبرز رونقه ونعومته تغرينى، لم تعد ملامحك تفتننى مثلما كانت تفعل"

"لعمرك؛ ما صمدت وتجاوزت واجتزت من أجلك ولكن من أجل آخرين، من أجل آخرين أتوا فى اللحظة المناسبة، لم يكونوا مثلك متأخرين قساة القلوب مستهترين أنانين لا يعشقون إلا ذواتهم مثلك بل كانوا طيبين بهم من السحر فى قلوبهم وفى طيبتهم وحنانهم ما كان يكفينى عن لون عينيك، عن جسدك الممشوق، عن ملامحك الرقيقة، عن بشرتك البيضاء فقلوبهم الطيبة اغنتنى عن لون بشرتك"

واهتمامهم بي أسرَ قلبي وعوضنى عن جمال جسدك وحنيتهم اغنتنى عن طول نظراتك لى التى لا تغنى ولا تسمن من جوع وروحهم الطيبة وحسهم الفكاهى اغنانى عن ابتساماتك المزيفة.

من أجل لمسة حنونة من يد طبيبى المعالج.

اثرتنى حنية لمسته وظللت اذكرها لليوم واتمناه لى حتى بعد مرور سنوات وسنوات...

من أجل لمسة بها من التضحية والفداء والحب الأخوى جعلنى أشعر بها محمد بعد أن كدت أذوب من أحزانى...

من لمسة وحضن من أختى الصغيرة...

من اهتمام صادق من الصغري، من دعم وحب غير مشروط من أبي وأمى، من قبول وضعه الله فى قلوب العباد من حولى لى.

من تقبل وإيثار وحب...

من ثقة واحترام فى قلوب أعدائي قبل الأصدقاء...

من الصالحين من عباد الله الذين ملُئت قلوبهم رحمة...

من الضعفاء من الناس الذين ملُئت قلوبهم بالرحمة والخير والفداء.

فليس الجمال بجمال العينين وأنما بجمال الروح والقلب والعفو والصفح الجميل والإيثار والتقبل والإحتواء والذكاء، استخدام العقل والرضا بالمتاح، الرضا بالممنوح، الاحترام والتقبل والمؤاخاة، الوقوف بجانب الناس فى الشدائد والمرض والشدة، التعامل بالحسنى، الإحسان للجار وللأم والأب والأخوة والجيرة. الإحسان فى العمل والضمير الحسن، بث الرحمة والطمأنينة فى قلوب العالمين فى الأوقات الصعاب، التصدق بالمال والإبتسامة هي ماء الوجه للعالمين، التعامل بالحسنى مع جميع خلق الله، مع الطير والحيوان، مع الناس الرأفة والعفو واللطف والنصح.

أن تكون جيدًا وملتزمًا فهذا هو الدرس الثمين الذى اقتنصته من الحياة وهذه الأمور أنت بالتأكيد لا تعلم عنها أي شئ فجمال وجهك وبشرتك أكثر ما يهمك، تناسق ألوان ملابسك أهم عندك من مدى تعاملك مع الناس بالإحسان واجتماعهم على حبك.

ورغبتك فى حب معشوقتك والتغزل بمفاتن وجهك أهم عندك من الرضا الداخلى عن نفسك ونومك مطمئن البال بأنك لم تظلم أحدًا.

هو الله الذى يسخر لى الطيبين، هو الله الذى يدعمنى ويقوينى، هو الله الذي يفضلنى عليك وعلى غيرك فأنا المحبوبة الممنوحة الممدوحة المحمودة وأنت لا أحد يهتم بك ولا يأبه لك، أنا التى تثير فضول الجميع حتى أنت أما أنت؛ فلا أحد يعبأ حتى بموتك.

أنتِ جميلة ألا يكفيكِ ذلك؟

لا أعلم إذا ما كان الجمال منحة أم محنة؟

لعنة أم هبة ومنة من الإله عليّ وعلى الجميلات...

فهو لا يسمن ولا يغنى من جوع...

يعلم الجميع أننى الأجمل فلا يضطرب لذلك وجدانهم ولا أجد ذلك على صحيفة وجوههم.

فيعاملونى مع حسن وجهى بجفاء وبرود.

وردود أفعال لامبالية وكأن أعينهم لا ترى جمالي.

ما فائدة الجمال إذ لا أحصل على ما أريد أو على الأقل الحد الأدنى مما أريده كبقية الفتيات.

ولكن عليّ شكر النعمة التى أهدانى الله إياها في وجهى وجسدي وصوتى وأن أقبل بالمتاح.

وأرضي بما ستعطيني الدنيا.

فيكفينى بهاءً وجمالاً في وجهي وجسدي.

فليس لى الحق بأن أبصر بالمزيد من ذلك حولى.

ما فائدة الجمال إذ يجلب لى التنمر والسخرية؟

- أنها جميلة ولكنها رديئة من الداخل.
- أنها جميلة ولكنها ذات قلب أسود.
- أنها جميلة ولكنها ذات أخلاق رديئة.
- أنها جميلة ولكن نواياها سيئة.
- أنها حسنة الوجه ولكنها سيئة السمعة.

ما فائدة حسن الوجه والجسد والصوت وجمال العيون إذ تبكى تلك العيون كل ليلة؟

وينفطر القلب عن بكرة أبيه.

وأحزن وأبكى ولا يسمع صراخى أحد.

ولا يهتم أحد لحالي ولا لحزني.

ما فائدة الجمال ونفسي تشتاق الى حبيبي وتملكه أخرى؟

لأن المجتمع أثنى على أخلاقها وحسن حديثها....

وجودة تعليمها ومالها وحسبها ونسبها.

ما فائدة الجمال إذ أن ضريبته باهظة الثمن لا يقدر عليها الفقير ويزهدها الغنى لأنها مكلفة جداً.

ما فائدة الجمال إذ أرى الغيرة والمكر والخديعة فى وجوه أعدائي وأرى الحقد والغيرة فى وجوه أصدقائي؟

وأبصر الشهوة واسمعها فى نظرات وأنفاس كل الرجال.

ما فائدة الجمال إذ أننى باجتهادى وصبري لا أحصل على ماهو مقدّر لى أن أحصل عليه من تعليم عالى، فهى جميلة يكفيها جمالها، لا تقف بجانبها وتعطيها الوظيفة التى تطمح إليها فسيظنون أنها فتنتك بحسنها.

لا تعاملها برفق فهى جميلة يكفيها حسنها.

قفى فى الطابور مثل البقية يا بهية.

اخفضي صوتك قليلاً فالرجال سينجذبون لكِ.

البسي بحشمة فى التجمع العائلى وغطى وجهك حتى لا يفتتن بكِ زوجى.

= اضحكتنى وبشدة؛ يالكِ من مثيرة للشفقة، هل تظنين أنكِ أصلاً حسناء؟

بل أنتِ بلهاء...

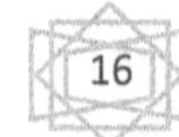

قبيحة الوجه والجسد...

لستِ جميلة فأنتِ طيبة وهذا ما يميزك.

- إذا لماذا أعذب؟ لماذا أقهر؟ لماذا أمرض؟

لماذا أموت وحيدة؟

ولا يسأل عنى أحدهم...

لماذا يقترب منى الذباب؟

= إذن، فأنتِ تريدين الانتحار؛ ستذهبي الى الجحيم.

- لا يهم فالجحيم ليس موجعاً لهذا الحد فقد جربته مراراً وتكراراً وأعلم كل ماسيحدث به، تبدل الجلود غير الجلود ويصل الألم الى صميم القلب ويحترق نخاع العظام ويحدث ظلمة للعقل والقلب ونشعر بالقهر والخوف والحزن ونواصل المحاولة فى غير ملل أو كلل.

أحدهم قُضيَ عليه أن يلبث فيها مائة عام وأحدهم لبث يومًا أو بعض يوم وأحدهم ملايين السنين الضوئية حتى أنه قد اعتاد على الحرارة وظنها بخارًا وساونا تمد الأغنياء بمزيد من نعومة البشرة ويحصلون من خلالها على مزيد من الجمال والشباب.

هذا الرجل دخلها بسبب حبيبته التي هجرته.

وتلك الفتاة بسبب وغد أحمق وثقت فيه وباعها كعادته.

وذلك بسبب كبر سنه واحتماله ما لا يطيق من أعباء الحياة.

وهؤلاء بسبب شذوذهم عن الأخلاق والدين.

وهؤلاء بسبب طغيانهم في الأرض بغير الحق.

أذكر أننى مررت على الصراط ولكنى انزلقت بسبب زلة وقعت فيها دفعتنى الحياة دفعًا لها.

اغتاظت من استقامتى البلايا، لم تعلم كيف تقتنص منى؟، إحدى ميزاتى فأنا لا أفعل الخطأ.

لا أعمل إلا الصالحات حتى ظننت أنني المهدي المختار أو أنني أسير على نهج النبوة بحرفية وإتقان.

والآن أنا بينهم، الألم لا يطاق تحترق كل فكرة فى دماغي.

ويصل الألم إلى مركز النخاع فى العظام كما أن الفؤاد ووتينه قد قص بمقص حاد جدًا وتوقف الدم عن السريان.

كل ذلك لأنني ادركت أنه لا يحبنى بل يلعب بي.

" توقفى عن الاتصال بي، فأنا لم أفعل معكِ شيئاً، أنا حتى لا أتصل بكِ ولا أتبعك، أنتِ من تفعلين ذلك...

توقفى عن اللحاق بي وأعملى ما تريدين أن تعمليه، توقفي عن ملاحقتي....

إذا ما كنتِ تفكرى بآخر فاحظريني على مواقع التواصل ولا تتحدثي معى مرة أخرى...

أريد أن أقيم معكِ علاقة جنسية ولن يرانا أحد!

هل أنتِ موافقة؟

فى تلك الحالة فقط أنا أحبك وسأصير لكِ وحدك ولن أحرمك من الكلام وسأصب عليكِ مشاعري وحبي صباً وسنتزوج فى نهاية الأمر ولكن ذلك بعد أن أتأكد من عفتك وصلاح أمركِ بنفسي...

أريدك أن تلبسي (مايوه) يبرز مفاتنك وسنذهب إلى أي بحر نقضي ليلتنا سوياً ونقضي حاجتنا من بعضنا البعض فأنا اشتهيكِ وأنتِ كذلك وأشعر فى قلبي نحوك ببعض الانجذاب، لمَ لا نجعل الأمر يتطور أكثر فأكثر وستشعرين بسعادة غامرة....

أنا وأنتِ سنكون سعداء مع بعضنا البعض في تلك العلاقة...

ولكن ماذا بعد ذلك، هل أنتِ بلهاء؟!، أنا لم أفعل معكِ أى شئ يتطلب كل ذلك فأنتِ من قبلتي ذلك على نفسك"

"أني أكرهك يا حازم بنفس القدر الذي كرهت به آدم...

أنت لا تقل خسة ولا نذالة عنه، عن أي حب تريدني أن أحياه معك سراً وبعيداً عن عيون الناس، حب حدث بعد محاولة جذب انتباهك ومن ثم تجاهلك لي...

وعندما وجدت نفسك وحيداً لا يحدّثك أحد، فكرت: لمَ لا أتكلم معها لتسليني وأقضي بعض الوقت معها....

عن أي حب تتحدث، وقد أصبحت في الثلاثين من عمري وأنت في التاسعة والثلاثين من عمرك.

أبعد كل ذلك لازالنا نتعرف على بعضنا البعض ومتى سنتزوج عندما أصبح عانس وأنت رجلٌ كهلٌ عجوز!

ونرزق بأطفال تبعدنا عن بعض الكثير من السنوات، وكم سيكون الفارق العمري بينك وبين ابنك! أربعون سنة!....

ويا ليتك كنت خلوقاً والناس تكن لك التقدير، بل على العكس لازالت لديك الرغبة في التعرف على العديد من البنات وأن ترافق غيري تسعة آخريات وليست واحدة حتى!....

أريدك أن تعرف شيئاً هاماً، إن لم أكن كافية بالنسبة لك، فلك أن تعلم أن هناك غيرك الكثير ويرغب في الحديث معي...

يا أيها الرجل المحترم، البنت الخلوقة حسنة التربية هي من تعمّر البيوت....

أما البنت سيئة السمعة، هذا النوع الذي يستهويك، جل ما في الأمر أن تقضي معها ليلة ساخنة في شقة مشبوهة ولا تنسى أن تأخذ كافة احتياطاتك حتى لا تنقل لك مرضاً وتعود فتعض أناملك حسرة وتتمنى أن ما حدث لم يحدث!...

أما البنات المحصنات المحترمات، هؤلاء يمكنك أن تتقدم لهم عندما تمتلك ناصية الرجولة وتدخل البيت من بابه وتضع في أصبعها خاتم الخطوبة.

سيد الغربان: مهلاً.. مهلاً، انتظري قليلاً، هل تحبين النبي محمد وتثقين به؟

- نعم أفعل.
- إذن، فلتصلى عليه صلاة مباركة عليه وعلى آله واسمعى لحديثي هذا لعلكِ تفقهين النبي محمد أعظم المائة عظيم فى التاريخ....

كل نبي من أنبياء الله جعله الله يواجه مشكلة معينة...

فكل نبي يقوم بتحدى معين....

النبي لوط كان يحارب شذوذ النفس البشرية عن الفطرة...

النبي سليمان اتاه الله ملكاً وعلمًا وقوة لتأديب وتقويم الجان...

النبي إبراهيم اتاه الله من صفات الكمال والِحلم ليكون لديه من القوة والبلاغة والحجة ما يجعله ثابتًا فى معركته ضد النمرود الذى وهبه الله ملكاً واستعان بالشيطان على معصية الله ومبارزته فجعل من نفسه ألهاً له حق العبادة كما لبقية الأصنام كما يدّعى هو...

النبي عيسي هو الطبيب المعالج لأمراض البشرية فبمسحة من يديه كان يشفى العليل ويحي الموتى بأذن الله..

النبي يوسف آية من الجمال والحكمة والعفة، جعله الله حجة على قوم يرغبون فى علاقات آثمة...

النبي يونس هو الفداء وكأن الله يقول لنا أن ثمن عدم الإنصياع لأوامر الله يكون عقابه شديد...

فما من نبي إلا جعله الله حجة على قومه واتاه الله من الأدوات ما تمكنه من إتمام رسالته التى أرسل بها إلى قومه.

ولكن النبي محمد كان يواجه تحديًا لا يمكن إلا أن يقوم به نبي قويّ آمين.

فكان فى قومه التعنت والشدة واجتمعت شرور الأمم السابقة فيهم فكان منهم الظالم لنفسه. ومنهم الذين يشربون الخمر ويلعبون الميسر ويفعلون الفاحشة فى الطرقات فلا تردهم نصيحة ولا يفقهون حديثاً. كان النبي محمد عليه أن يسمع آذاناً صماء. كان عليه أن يفتح قلوبهم لنور الايمان ويشعرهم بلذة الطاعة وعبادة الله وحده وترك ما دونه من الأوثان.

كان للنبي محمد ما كان لنبي الله يوسف أن يحترم نواقص النفس البشرية وأن يقومها دون كسر أو إيذاء.

كان على النبي محمد أن يكون مثل نبي الله موسي قوي آمين على رسالته المعنوية وعلى ما يتركونه معهم من أموال.

كان على النبي محمد أن يحتمل ما لا يطاق من أصناف العذاب النفسية كما احتملها خليل الله إبراهيم من قبل، نار سعرها له النمرود.

كان على النبي محمد أن يدعو الله فى السر والعلن وأن يهدى قومه إلى الرشد بينما يقابلونه بالتهكم والسخرية والتشكيك فى صدق نواياه.

يمد إليهم يد الخير والنصح بينما يسخرون منه.

يبغى لهم الجنة والرزق بينما يبغونها عوجاً.

لا يريدون منه إلا أن يمكنهم من نفسه العفيفة التى ما أبت إلا الله والجنان.

وضعوا الشمس فى يمينه والقمر فى يساره فقط لينصاع لمَ يريدونه ولشهوتهم.

ولكنه أبي....

محمد العفيف الذى ما أراد لنا غير التعفف، غير الصلاح، غير المحبة.

محمد التضحية...

محمد الفداء...

محمد الطبيب...

ماذا تريدون من رجل يخاف عليكم عذاب يوم عظيم؟!

- صلى الله عليه وسلم ولكنى لا أرغب بشيء، فقط دعنى وشأنى.

الغراب الساخر: فقط دعنى وشأنى، أتعلم حقاً ما خطب حنة يا سيد الغربان، ما من رجل رآها إلا وأعجب بها وتقدم لخطبتها إلا واحداً...

اثار فضولها وتمنته لنفسها زوجاً، قام بإخفاء حالته الاجتماعية وظلت ملاحقة له سنة كاملة حتى وقع فى غرامها هو الآخر ولكن استسلم للواقع وأظهر للعيان حقيقة زواجه بامرأة متواضعة الجمال قد انجب منها ثلاثة....

فقررت أن تطبق المقولة القائلة أعلم أن الرجال ينسون بالرجال! ولكن أنا سأنساك بالله.

تعرفت على حازم فى فترة عكوفها عن الحب.

ولأنه يزهدها. رغبت فيه بشدة حتى أنها رفضت كل من تقدم لخطبتها أيضًا على أمل أن تعيش معه قصة حب أسطورية تفضي للزواج ولكن ماحدث أنه انكشف على حقيقته، وغد يحوم حول الجسد وقد قالها صراحة: "نفسي فيكِ ونفسك فيَّ وليه لأ، محدش شايف"

ارتدت قناع العفة وقالت له: معاذ الله أنه ربي أحسن مثواى ومع تسارع الأحداث انهارت عاطفياً وقررت الانتحار بنفس الدواء الذى تتعافى عليه ثم تدخل المشفى فإذا بطبيب وسيم يمسك بيدها فتعشق الطبيب وتنسي حازم وآدم والرجال جميعًا.

وتقرر أن تحارب الدنيا كلها دفاعاً عن حبهما .

سيد الغربان : مهلاً قليلاً، إذن فهى ذات مشاعر مرهفة كما أن العفة ليست قناعًا يتم ارتدائه، هى فقط تقتدى بعفة نبي الله يوسف.

قصة نبي الله يوسف

فلنسير سوياً في رحاب قصة سيدنا يوسف منذ البداية.

لنتعرف على عمته التي كانت تحبه لأنها أول من لاحظت جماله فطلبت من أبوه نبي الله يعقوب أن يظل معها ولكنه رفض من شدة حبه وتفائله به فاتهمت يوسف بالسرقة وكانت هذه هي الحيلة التي استخدمتها عمة يوسف حتى تضمه لجوارها وهو صغير وهى نفس الحيلة التى استخدمها يوسف لضم أخوه بنيامين إلى كنفه وهو استخدام حكم سارى فى عائلة سيدنا يعقوب؛ ألا وهو يحق للمسروق أن يمتلك السارق كعبد عنده أو رهينة يقضى عنده فترة من الزمن كخادم[1].

ونجح سيدنا يوسف فى ضم أخوه له ونجحت عمة يوسف من قبل ذلك بضم يوسف لها وعندما أحب نبي الله يعقوب يوسف ولده وصرح بهذا الحب فكان يميزه بين أخوته، قرر أخوته إنهاء ذلك

[1] المصدر: http://quran.ksu.edu sura12-aya77.html

الحب ورميه فى الجُب حتى يخلوا لهم وجه أبيهم ويكونوا من بعده قومًا صالحين ورموه فى البئر.

شب نبي الله يوسف فى قصر امرأة العزيز فعندما أحبته وروادته عن نفسه أبي، انتشر خبر المراودة بين نساء مصر واتهمنها فى حيائها بأن حبه قد ملئ قلبها وارادت الفوز بقلبه حتى لوعن طريق غير مشروع وحيلة غير شريفة بأن تدعوه الى مكان غلقت أبوابه بإحكام بعيدًا عن عيون من فى القصر وعن عيون زوجها وقالت إنها قد تهيئت له بحسنها وبجمالها ولكن لأنه كان يخاف الله قال معاذ الله أنه ربي أحسن مثواى أنه لا يفلح الظالمون فأرادت أن تدفع التهمة عنها وأن لا لقلبها صبر ولا صد أمام بهائه فلجأت إلى حيلة أخرى؛ جمعت نساء مصر وطلبت منه أن يخرج ببهائه عليهن فلما رأينه أكبرنه وقطعن أيديهن وقلن حاشا لله ماهذا بشر إن هذا إلا ملك كريم.

فقالت فذالكن الذى لمتتنى فيه ولقد راودته عن نفسه فأستعصم وإن لم يفعل ما أمره ليسجنن وليكونن من الصاغرين.

فعندما أحبته امرأة العزيز حب شهوة وملأت الشهوة كيانها، وضعته أمام خيارين إما أن يخضع لأوامرها بأن يمكنها من نفسه أو أن تسلب حريته ويقضى حياته داخل السجن حتى يعّدل عن عفته التى لا تريدها له بل تريده لها!

فمن يتتبع قصة نبي الله يوسف يجد أن ما من أحد أحبه إلا وابتلاه الله بهذا الحب فى حياته وكأن الله قد كان يريد لقلب يوسف أن لا يتعلق بغيره وحده دون عن العالمين.[2]

1) سورة يوسف تبين لنا العلاقات السليمة والعلاقات غير الصحية.

2) علاقة يعقوب بيوسف علاقة رائعة ولكنها قائمة على حبه الشديد له وتجاهل باقى أخوته من أم ثانية فكان الأولى أن يوزع عليهم حبه بالتساوى ولا يفضل عليهم يوسف.

3) علاقة أخوة يوسف بأخوته هى علاقة حسد وغيرة وإظهار الحب و إخفاء الكراهية وتمثيل الحزن حيث أنهم جاءوا عشاءً يبكون من ضياع يوسف وهم الذين كادوه.

4) علاقة يوسف بالسيارة هى علاقة انتفاع بغير تقدير حقيقي لقيمة ما يبيعون فعلى الرغم من قدر يوسف العظيم إلا أنهم شروه بثمن بخس فقط لأنهم هم من وجدوه.

5) علاقة يوسف بالعزيز وامرأته هى علاقة مصلحة غير مدروسة العواقب فرجل الدولة رأى فى الشاب الوسيم إمكانية الانتفاع منه فى المستقبل إذا تم إكرامه فى الحاضر؛ أكرمى مثواه عسي أن

---

[2] المصدر:
https://www.elbalad.news/4306581

ينفعنا أو نتخذه ولدا، لم يقولها عبثاً فلقد رأى فى بهاء وجهه إمكانية الانتفاع به وإذ تقع امرأته فى غرامه.

6) علاقة يوسف بامرأة العزيز هى علاقة الرغبة والشهوة والطمع فيه لنفسها فلما اشتد عوده واكتملت رجولته وظهرت عليه علامات الشباب والوسامة والعلم والحكمة افتتنت امرأة العزيز به وروادته عن نفسه ولكنه استعصم بالله.

7) علاقة يوسف بنساء مصر هى علاقة الإنسان العفيف بألسنة الناس والشائعات والقيل والقال فلم يسلم يوسف من قولهن وكيدهن لبعضهن البعض وكراهيتهن لامرأة العزيز ومحاولة النيل منها ومن سمعتها بكيدهن لبعضهن البعض اضطر يوسف للخروج إليهن وعندما افتتنن هن الأخريات بقبول فى وجهه وظنَنَ بملائكيته وتنافسن على مطارحته الغرام، ادلت امرأة العزيز بدلوها وبدلًا من أن تستحى من فعلتها وتخجل من رغبتها إذ هى تعلنها على الملأ هذا ما لمتننى فيه وأردتم النيل من سمعتى لأجله وأنا راودته وأبي ذلك ولازلت أرغبه لنفسى وإن لم يفعل ما أمره ليسجنن وليكونن من الصاغرين.

8) علاقة يوسف بصاحبي السجن هى علاقة إحسان الفقير المتعفف ورحمته بالناس ومن هم فى حاجة إليه رغم ضيق حاله وحاجته فلما طلبا منه تفسير رؤياهما فإذ به يقص تفسيرها عليهما

وكان أحدهما الذي يظن أنه ناج فما كان إلا حلقة الوصل بينه وبين الملك ومن ساعده فى أن يعلو ذكره عند الملك عندما حانت الفرصة.

9) علاقة يوسف بالملك هى الخدمة، هو قام بعمل خدمة للملك وفسر له رؤياه فكان عطاء الملك وجزائه لائقًا بعطاء الملوك فجعل منه أميناً على خزائن الأرض بعد علمه بأنه حفيظ عليم.

10) علاقة يوسف بشقيقه الأصغر وهو ابن أمه وأبيه معاً هى علاقة صحية قائمة على المحبة ومشاركة الأفراح والحفاظ على أخيه الصغير فعندما علم يوسف بكيد أخواته وضمرهم الكراهية وإظهارهم للحب غير الحقيقي، علم ما فى نفوسهم وقلوبهم وعندما اتهم أخوه الأصغر بالسرقة ليضمه إلى كنفه و سخريتهم من الأمر بأن يوسف فعل نفس الفعل من قبل (أن يسرق فقد سرق أخ له من قبل) فأسرّها يوسف فى نفسه ولم يبدها لهم ليس لأن لو كان للعتاب قيمة لمَ أسرها يوسف فى نفسه ولكن لأن يوسف أدرك أنه إذا تكلم عن الأمر ربما افتضح أمره فتكتم حتى يكتمل الأمر.

1) علاقة يوسف بأهل مصر هى علاقة قائمة على خدمتهم والقيام على أمورهم ومصلحتهم وهى علاقة صحية إذ يقدم لهم خدمة

مقابل الرِفعة والكرامة بدون الرغبة فى الجسد أو الشهوة أو الكيد أو الحسد على ما في يديه.

12) علاقة يوسف بأخيه غير الشقيق وهو الألطف بين أخوته وكان يشعر بمرارة فقد يوسف وأنهم قد فرطوا فى شئ ثمين لا يقدر بثمن وكان يوسف خائفاً على أبيه من فقدان أخ يوسف الأصغر بعد أن ضيعوه هو الآخر وهنا يكمن الخير فى الشر ويوجد خير فى أقل القلوب شرًا.

13) وعندما جاءت لحظة تتويج يوسف ورفعه أبويه على العرش وخروا له سُجدّاً فكان من فرحة يوسف أنه عفى عن أخوته ومن كادوا له...

عفى عن مراودة امرأة العزيز له وأنه سجن وعذب بسببها...

عفى عن نسوة مصر...

عفى عن سهو الحالم عن ذكر أمره للملك والذى بسببها لبث بضع سنين فى السجن...

عفى عن خطأ وسهو ونواقص النفس البشرية واحتفى بشمسه وقمره وخروا له سُجداً وقد فسرت رؤية يوسف؛ هذا تأويل رؤياى من قبل قد جعلها ربي حقاً وقد أحسن بي إذ اخرجنى من السجن وجاء بكم من البدو من بعد أن نزغ الشيطان بينى وبين أخوتى

14) علاقة يوسف بأبيه: فعندما سلم أمره لله وعلم أن حبه ليوسف ما هو إلا انعكاس لحب لله له وأن الذى خلق يوسف بهذا الجمال لابد أنه الكمال والجمال الخالص وعندما اتجه قلب يعقوب لله وسلم بين يديه أن حبه لله وحده وإن عاطفته تجاه يوسف ماهى إلا عاطفة أبوة وبدأ يهتم بأخوته كما كان يهتم ويحب يوسف فطلب منهم أن يدخلوا من أبواب متفرقة لحكمة لا يعلمها إلا الله خوفاً عليهم وشفقة بهم حينها فقط رد الله إليه يوسف بملكه وأخيه.

15) علاقة يوسف بأخوته علاقة غير سوية فما جزاء السيئة إلا سيئة مثلها فلا يمكن أن يحب يوسف من لا يحبه ولكن عليه أن يحترس منه ويأخذ حذره.

17) علاقة يوسف بامرأة العزيز هى علاقة الشهوة، كادت أن تفقد صوابها للحصول عليه وعندما سلمت أمرها لله تزوجها يوسف فى نهاية الأمر[3] ليعطينا الله درساً أن الحب ليس حراماً ولكن أن

---

[3] المصدر:
https://islamqa.info/ar/answers/130417/%D%87%9D84%9-%D%8AA%D%8B%2D%88%9D%8AC-%D8%9A%D%88%9D%8B%3D81%9-%D%8B%9D%84%9D8%9A%D87%9-%D%8A%7D%84%9D%8B%3D%84%9D%8A%7D85%9-%D%85%9D86%9-%D%8A%7D%85%9D%8B%1D%8A%7D%8A9-%D%8A%7D%84%9D%8B%9D%8B%2D8%9A%D%8B2-%D%81%9D8%9A-%D%8A%7D%8AE%D%8B1-%D%8A%7D%84%9D%8A%7D%85%9D%8B1

نعيش والحيوانات سواء نريد قضاء شهواتنا وإفراغ غريزتنا هذا ما لايريده لنا الله.

18) علاقة يوسف بأبويه هى الأفضل على الإطلاق فهو بار بهما لا ينكر أبداً فضلهما فيما حصل عليه وهى علاقة صحية جدًا.

١٩) ذكر إحسان يوسف مرتين عندما كان فى السجن إذ طلب منه أحدهما أن يفسر له معنى رؤياه واستعطفه بإحسانه: إنا نراك من المحسنين وعندما فسر له يوسف الرؤية شفقة بالضعفاء ومحاولة طمئنتهم وأخذهم للحذر.

وعندما طلب أخوة يوسف منه أن يترك لهم أخيه الأصغر شفقة على أبيه و على الرغم من استعطافهم له بإحسانه إلا أنه رفض أن يرضخ لطلبهم وهذا إن يدل على شيء فيدل على أن المؤمن به شفقة ورحمة للمؤمنين وبالناس ولكنه كيس فطن ولا يقبل أن تلوى أعناق الحقائق أو يتسم باللطف حد السذاجة والرحمة المشوبة بالضعف والتواضع المختلط بالانكسار والذل فالمؤمن كيس فطن عزيز النفس رحيم بالمؤمنين شديد على أعدائه وأعداء الله.

المؤمن قوى من غير غلظة...

وعزيز من غير كبر...

ولطيف بدون سذاجة...

ورحيم بدون ضعف...

ومتواضع من غير ذلة...

وكريم من غير سفاهة...

لم يكن معقولاً أبداً أن يتم سجن يوسف من قِبل نساء مصر وزوجة العزيز ولكن الشيء الأكثر إستفزازاً ولا معقولية هو في تلك اللحظة التى ظهرت بها براءته وقد صدر الحكم بأن يتم إيداعه السجن حتى حين وقد تبين لهم من بعد ما رأوا الآيات ليسجننه حتى حين.

على ذكر النبي يوسف جاء رجل لنبي الله يوسف وقال له والله أنى أحبك. فقال له النبي يوسف: أغرب عن وجهى والله ما أحبني أحد إلا وابتليت بالمصائب والشدائد!

آه من شعب ينصب نفسه كإله أو من كهنة المعبد يريدون للجميع أن يخضعوا لسلطانهم وأن ينصاعوا لعظمتهم ويسبحوا بحمدهم كلما نظروهم.

آه من شعب يظن أنه المختار وأنه منفوح بالنعم محسود عليها جماله كجمال يوسف وعفته كعفة مريم ومظلوم مثلها وطوله كطول آدم حتى لو كان الأقصر فتراه يفتخر بطوله عن من هم أقل منه طولًا.

ذكائه كذكاء العلماء آينشتاين وابن الرازى وقوى البنيان كنبي الله موسي إذا ما وخز أحدهم قضى عليه وأخلاقه كأخلاق نبي الله محمد ثم يحتقر سوء أخلاق الآخرين ويتمرمغ فى الرذيلة بنفس راضية.

يؤمن بقدراته الكامنة التى لا تظهر إلا فى الشدة وباقى العام موضوعة على الرف غير قابلة للاستخدام حتى تعطب.

تُبتلى المؤمنات فى عفتهن وفى أخلاقهن ثم يزهدهم ويلهث خلف عاهراته!

أجمل فتاة على وجه البسيطة لا ترقى لصحبته إلا لو تنازلت له عن بعض جسدها فجمالها مرهون بمدى إستمتاعه بها فكلما استمتع بها أكثر كلما أصبحت أجمل، كلما انصاعت لأوامره وسلطانه نالت رضاه وقلبه.

آه من شعب يخاف العين والحسد والسحر والمس والنجوم وسكناتها ولا يخشى الله!

آه من شعب يريد الجميع أخلاقهم كأخلاق الانبياء ثم يبتعدون عن مراد الله ويعيثون فى الأرض فساداً لأن الحياة الحقيقية واللذة فى البعد عن الدين!

آه من شعب يريد ضمة من حضن الحبيب؛ حتى فى الحرام ولا يأبه لعفو الله وغفرانه ورحمته التى تحيط بنا فى كل الأحوال والأماكن والأزمان.

آه من شعب ملئ بالنواقص والعيوب ويسخر من نواقص وعيوب الآخرين وكأنه أكتمل.

آه من شعب يقلد حتى يصل إلى مبتغاه فإذا ما وصل وحصد؛ نسي صاحب الفضل وانكر فضله!

آه من شعب مخيف!

الغراب الانثى

= كل ما فى الأمر أنه استغل نقطة ضعفك وتقلب هرموناتك فأسمعك كلاماً معسولاً ترغبين في سماعه، كلام يدغدغ مشاعرك حتى تقعي في فخ كلامه الرقيق فتنصاعين وتخضعين بالقول لكل ما يريده منك!

الغراب الفاهم :

- هل تعرفين لماذا هذا بالتحديد الذي ترغبين فيه بشدة؟؛ ذلك لأنه يفهم الحياة على النحو الصحيح....

يفهم قوانين الدنيا جيداً...

وقبل كل ذلك يفهم مداخل المرأة بدقة.

شخص مثل ذلك خاض العشرات من العلاقات الشرعية وغير الشرعية مع الكثير من الفتيات، وخبر العديد منهن وعرف كيف يدخل إلى هذه أو تلك من هذا المدخل أو ذاك....

يعرف ما هي مفاتيح المرأة وكيف يكسرها؟، وكيف يخضعها لشروطه ولمراده؟

ويتظاهر بالضعف حتى يتمكن من لف حباله حول ضحيته.

هو لا يحاول معكِ من أجل جمالك أو كم أنتِ فاتنة أو كل تلك الأوهام...

أي رجل بداخله نقصاً ما وهذا النقص يتمثل في عدم رغبتك وزهدك فيه وأنه ليس على هواكِ فلذلك يدور في رأسه: لماذا لا أعجبها؟، يبدو أني بالفعل قليل الشأن، ويبدو أيضاً أن هناك شيئاً ما بشأني ليس على ما يرام.

وعندما تظهر عليه إمارات الشيخوخة يتساءل هل لازالت جذّاباً، هل سأظل أرى تلك اللمعة في عينيها عندما تراني؟

Self confidence issues يمتلئون بها وأيضاً بسبب المواقف التي مروا بها ورغبة الرجل في امرأة ما، ليس بسبب جمالها أو دينها أو ذكائها أو أي شيء في الدينا بخلاف جسدها طبعاً وهو متفق عليه بين جميع الرجال.

ولكن الحقيقة الوحيدة التي يجب أن تعرفيها كفتاة أن تكوين الرجل الجسدي والنفسي وتعاطيه مع الفتاة التي يرافقها وبرمجته العقلية، كل هذه العوامل هي التي تحدد بشكل قاطع مدى إنجذابه للبنت التي ترافقه من عدمه.

الرجل من هؤلاء يحيط نفسه بعالم خاص من الأفكار والمشاعر و من ثقافة المجتمع الذي يعيش فيه...

وأيضاً من المجتمع الصغير المحيط به من أصحابه وأهله وأقاربه والبنات اللواتي يرافقهن في الطرقات أو على انستجرام أو .. أو...

الرجل عالم من الكلام والمباديء والمواقف التي يمر بها في حياته...

من تلك التجارب ومواطن القوة وربما شعور بالكسر...

من كلام الناس ومن آراء الآخرين بشأنه...

من دينه وأخلاقه ومبادئه والأصول التي تربى عليها...

من كل تلك الأشياء البسيطة التي تسعده وأيضاً الأشياء الأخرى التي تستفزه أو تجعله يكره يومه...

الرجل يميل إلى العاطفة والرومانسية والضعف والهدوء...

وأيضاً يحب السرعة والقوة...

يحب الجمال الداخلي والخارجي...

ولا ننسى أنه محب للمال والسلطة!

وهو أيضاً الذي يميل للإحتواء أو السيطرة

يفضل أن تكون له القوامة والغريب أنه يحب في نفس الوقت البساطة رغم كل مظاهر القوة والسيطرة التي يميل إليها الرجل غالباً.

كل هؤلاء على اختلاف مشاربهم يجمعهم شيء واحد، وهو الرغبة الجنسية... الجسد!

هذا بكل بساطة ويسر ما يدفع الرجل إلى السرور، وهو إقامة علاقة جنسية مع فتاة ما.

الرجال كما قلت أتفقوا جميعاً على حب جسد المرأة ومن بعدها تتنوع الصفات الأخرى التي يحبوا أن يجدوها في المرأة ....

فرجل يريد الجسد والجمال...

وآخر يريد الجسد والأخلاق...

وآخر يريد الجسد والأصول...

واخر يريد الجسد والدين...

فالجسد هو العامل المشترك

ولذلك أنتِ فتاة بسيطة جاهلة تنجذبين للرجال الوسيمين ولكن ما لا يعجبك أنه يبدو بدون خبرة "خام" وفظ في القول وقد يتسم بالسماجة في كثير من الأحيان.

الموضوع بكل بساطة أنه لم ينضم لعالم النساء ليصبح واحدة منهن يسمع لشكوى هذي ويصاحب تلك ويتقرب من هذه...

هذا الرجل الذي لا يلفت نظرك بالمرة، لا يملك تلك العيون الساحرة التي يستطيع بهما خداعك ولا يملك ابتسامة ساحرة تملئكِ ببهجة مؤقتة ناتجة عن قلب يضخ زيفاً.

ولكنه يملك من الرجولة والتحدي والقوة ما يستطيع أنه يؤثر به

على قلبك بحبه، الرجل ليس بجمال عينيه الواسعتين البنيتين ولا بمدى انضباط أنفه مع حجم وجهه ولا بإمتلاكه لشفاه مثيرة ولا قوة وجمال الجسد.

فتلك الأشياء الفاتنة لا تبهر إلا الساذجات صغيرات السن اللائى يظنن أن الحياة كما هي فى أفلام ديزنى وألعاب "تلبيس" البنات؛ مليئة بالحب والموسيقي والألوان والمغامرة، لا يعلمون شيئاً عن مدى قسوة الحياة واختبارتها المتعمدة لتكسير العظام.

فابحثى عن رجل ولا تبحثي عن امرأة فاتنة بذقن وشارب!

أن العالم والطبيب والعبقري والرياضي الذى يلعب الكرة بخفةّ ورشاقة ومن يبهرك بطلاقة حديثه وصوته العذب ومن يجذب مسامعك بصوته الشجى ويستميل قلبك.

ومن يستطيع إلقاء النكات فيدغدغ قلبك ضحكاً وسعادة.

وذاك المتدين الورع التقى قد علق قلبه بالمساجد وذاك الذى هو "مقطع السمكة وديلها" ويعرف كيف يتعامل مع الأنثي ويثير إهتمامها وفضولها.

ذلك القوى وذاك الذكي الذي يعلم كيف يدير الأمور وهذا المثقف والقارئ للكتب والمطّلع على آخر الأخبار، ذاك الذى يتابع الحفلات المختلفة ويحضرها جميعاً.

ذلك اللطيف الحنون الذى يتعامل مع الجميع بعطف وتسامح...

هدفهم موحد ورغبة واحدة تحركهم إلا من رحم ربي و أيضاً مع الأخذ في الاعتبار أن لكل قاعدة إستثناءات.

هرمون لدى الرجال يسمى التستيرون ذلك الساحر الذى يجعلهم رجال!

ذلك الساحر الذى يجعلهم مرغوبين ومطلوبين من الجنس الآخر.

يشعرهم بالضيق والحزن والوحدة ووجيعة الفراق.

ويمنيهم بالمتعة والسعادة والإنجاز والقوة والسلطة.

يجعلهم محل إشتهاء من الجنس الآخر.

ويملاؤهم بالقوة والشباب والحيوية والطاقة.

ما من رجل سوي خلقه الله على تلك البسيطة إلا يهدف إلى المال والنساء إلا من رحم ربي ومع الأخذ فى الاعتبار أن لكل قاعدة إستثناءات.

المحرك واحد والهدف واحد والرغبة واحدة.

فالرجال جميعاً يرغبون فى الجسد.

ثم أننا جميعا فى عيون الرجال...

أنواع وأصناف.

فلو اجتمعت فيكِ صفات الأنوثة والجمال والرشاقة والطول والعيون الواسعة الجميلة ستنضمى فى النهاية إلى نوع معين يفضله جزء معين من الرجال.

ولو كنتِ قصيرة ذات جسد ممتلئ نسبيًا بعين زرقاء ووجه جميل فستوضعين في النهاية فى خانة معينة تحت بند يفضله جزء معين من الرجال.

فالرجال يا عزيزتى يصنفونا تبع أهوائهم وتبع نفسياتهم وتبع ما ادركوه فى طفولتهم وشبابهم.

فأنتِ يا حنة، ملكة جمال، هذا هو تصنيفك المجتمعي ولكن من وجهة نظر أحدهم فأنتِ فتاة فارعة الطول بعينين واسعتين عسليتين وشعر مغطى.

فتاة جميلة تدركين أنها رائعة الجمال وتصنفين أشكال الناس ومستوى جمالهم وجاذبيتهم تبعا لنسبتك الذهبية.

ولكن هذه النسبة لكِ وحدك، هذه عيناكِ أنتِ تلحظين جمال الموجودات من حولك وفق هذا المنطق فقط.

ولكن للرجال رأى آخر بل آراء أخرى تختلف عن ذلك الذى يدور فى عقلك.

فلماذا ترين إذا فتاة بمواصفاتك العقلية محدودة الجمال تذهب لرجل بارع الجمال وأخرى بارعة الجمال متروكة لأنها لا ترقي لأن تكون مع أحدهم!

فعيون الرجال ليست فى قلوبهم وأدمغتهم كما هن النساء.

ثم إن الجسد ليس بمقياس ولا جمال الوجه.

يريدونك أن تكونى مازوخية كالست أمينة لزوجها "سي السيد" وأن تخضعى لأوامره.

لا ليس كأمينة بل كروقة امرأة قوية خاضعة لزوجها "اللى ملوش أى تلاتين لازمة"

ثم إن خضوعك لهم ليس بالحل وليس ما يريدونه لكِ.

فالرجل سيهرب من مسئوليته معكِ والزواج منكِ بأى حال من الأحوال، أنه يحب حياة الحرية ولا يرغب فى المسئولية وعنده fear of commitment وtrust issues ناتج عن علاقاته السابقة ثم أنه لا يملك المال الكافى الذي يزن به مهرك ويناسب جمالك.

فالشقة والمهر والمؤخر والشبكة ليست فى إمكانيات يده ثم أنه يريدك "ببلاش" يريدك فى غرفة بعيدة عن أنظار الجميع وحتى أبيكِ وأمك أولياء أمرك.

ثم إن غرفة ليست فى إمكانياته، سيذهب بكِ فى سيارته إلى "مكان مهجور" ليقضي حاجته منكِ ثم يتركك لآخر ويتم اللعب بكِ كالكرة.

أو أنها الحرب عليهم من الفتيات يسعين لتدمير بعضهن البعض والتكشير عن أسنانهن وأنيابهن وحرب نفسية ومعنوية بكل ما أوتين من قوة للحصول على ذلك الذكر وكأننا فى ناشيونال جيوغرافيك وتتحول حياتنا لمعركة هدفها الظفر بذلك الذى هو لحم جمل غث على قمة جبل وعر لا سهل فيرتقي ولا سمين فينتقى وهو أساساً لا يهتم بهذه المعركة وسيتزوج بنت خالته فى الآخر وحتى وإن حدثت المعجزة وتقدم لخطبتك، من سيجزم بكمال رجولته وأنه سيكفيكِ ومادياً ومعنوياً يحتوى أوجاعك ويضمد جراحك ويملئ عينكِ عن جمال الرجال وأجسادهم فى الصحف والمجلات والتلفزيون والشارع والسوشيال ميديا فهو أساساً نرجسي و الإنسان السيكوباتى أو النرجسي ذلك الشخص الذى يظن أنه الأكمل وأنه الأفضل وأن لا أحد يملك جميع مقوماته الذاتية فينظر للناس نظرة استعلاء ويتفضل عليهم ويمن بالرحمات والابتسامات وماهو إلا بشر مثلهم به نواقص كتلك التى تملأهم.

لا يعترف بالفروق الفردية واحتمالية تفوق أحدهم عنه بميزة

نسبية فهو الأفضل فى كل شئ، هو الأفضل على الإطلاق ويرجع أسباب تعثره فى الحياة ليس بسبب ضعف إمكانياته ومحدودية قدراته و"أنه على الله حكايته"

ولكن السبب يرجع إلى كيد الكائدين الحاقدين وتربصهم به ومحاولة النيل منه بصفة مستمرة والزج به فى صراعات تعطله عن الوصول للمكانة التى يستحقها بجدارة فى مجتمعه حتى أنه قد يتحجج بالقدر والنصيب والعين والحسد والسحر الأسود والقرين والغيبيات وسوء الحظ.

ولا يمكن له أن يعترف أبدًا بمحدودية قدراته أو بمزايا الآخرين وإمكانياتهم وتفوقهم النسبي عليه وعلى بعضهم البعض.

فهو الأذكى والأكبر و الأكثر وسامة والأكثر جاذبية وأخلاق ودين ومحبة وصفاء فى قلبه عن قلوب سائر العباد، هو الأكثر سخاءً وعفة وحياءً وإيماناً.

هو الأفضل والأنجح فى كل وأى مجال هو الأروع والأوحد والأعظم فيغار ممن يجذب الأنظار فى مكان يتواجد به ويحقد فى نفسه على من كسب نجاحاً فى مجال لم يستطع الوصول إليه ويطالب بأحقيته فى ذلك الأمر.

يكيد لمن إستطاع أن يزرع أرضه ويجنى ثماره ويتهمه بالحظ أو

أنه دعا ربه: "ربنا عجل لنا قطنا قبل اليوم الحساب" وباع آخرته بدنياه ويرجع بوار أرضه ليس إلى الأهمال وسوء الرعاية والكسل والصراعات الداخلية وظلمه لنفسه وسوء التخطيط، يرجع ذلك إلى المؤامرات التى تحاك ضد ذاته العلية للاقتصاص منه!

يكيد وينقص من الآخرين ويحقد ويسب ويلعن ويظلم و"يتخانق مع دبان وشه" بينما يقطع الآخرين أميالًا فى طريق حيواتهم المختلفة بينما هو لا يغادر مكانه "محلك سر" لا يريد لنفسه أن يتقدم أو يتأخر ولا للآخرين كذلك، يريد أن يفشل الجميع كما فشل، يريد أن يفقد الجميع حياتهم كما حدث معه!

- كنت احتقر الناس واجردهم من قيمتهم لمجرد أنهم ليسوا بجمالي!

فى المقابل أفترض أن الإنسان الذي رأيته لمجرد أنه وسيم في عيني ولأني كنت أراه رشيقاً فذلك كفيلاً بأن يضيف له أي معاني أخرى للجمال مثل الطيبة والذوق في التعامل والإنسانية والروح الحلوة على الرغم أنه ينقصه الكثير ولكني كنت اربط بين جماله وبين الرقي والجمال الداخلي واكتمال الوعي وكنت اجرد أي فتاة من أي قيمة لمجرد أنها مختلفة.

الغراب الفاهم :

- كلنا عندنا حكم وأمثال وتراث وقرآن نتمسك به ونعتقد فيه وهو مصدر قوة للمسلمين وغيرهم أيضًا ممن يتم التعامل معهم.

الموروثات التى نؤمن بها إنما هى الميراث الذى تركه لنا الأجداد للتعامل مع الناس لنحيا حياة طيبة ونسعد ونأمل ونرجو ونفرح بذواتنا ولكن تختلف الموروثات التى نتبناها والموروثات الأخرى التى يتبناها الآخرون أو التربية المختلفة.

هؤلاء نشأوا على الحرية غير المسئولة وهؤلاء نشأوا على الدين والإيمان.

فتاة نشأت تنشئة سليمة تعيش في عالم من الشباب يقضون احتياجاتهم النفسية ويرضون شهواتهم ورغباتهم المكبوتة ليستمتع بها من يشاء.

وفى المقابل فتاة تربت على الدين والحشمة وتصلى جميع الفروض وهدفها إرضاء الله والتعامل بالحسنى، تعشق أفلام الكارتون ولكنها عنيدة، صعبة المراس ولا تقبل التغيير ولا تقبل الحداثة والمدنية والمعاصرة وتهرع إلى القرآن والدين كلما واجهها ظرف قاسي أو خطب لا تستطيع فهمه.

ولكنها تارة تتهم فى أخلاقها وتشعر بالذنب الشديد والحزن وتارة تتهم فى حيائها وتتهم فى مدى تمسكها بدينها ولا أحد يرغب فى التعامل معها خوفاً من شدتها وعدم لينها فى التعامل خارج حدود الله.

فالأولى قد تم غسل مخها (brain wash)

فهي ترفض الثانية وتهزأ من تدينها وعفتها وتشعر ببعض الغيرة من ذلك فهى فى نظرها محترمة ومقبولة عند الله بخلافها وتشعر ببعض الخوف من عقاب الله لتفريطها وتكتم احترامها وإعجابها فى نفسها ولكنها تبدى عكس ذلك وتسخر وتهزأ منها فى أغلب الوقت.

أما الثانية فتظهر التقرب من الله وتدّعى الحكمة والستر والعفة بفجاجة حتى تشعر الأخرى التى هى فى نظر المجتمع الذى يغلبه الذكور المتلهفين لممارسة الحب وبشدة ويريدون الاستمتاع بأقصى عدد ممكن من النساء وكأننا فى سوق للحريم وهى رغبات تكون بداخلها حتى تشعرها بأنها مميزة عنها وأنها مقبولة عند الله أكثر منها وإذا كان للأولى الدنيا فالثانية لها الآخرة والجنة.

الأولى تشعر بحنق على القدر الذى جعلها سلعة رخيصة فى نظر الأخرى وتبدأ فى استعراض قوتها المستمدة من إعجاب الرجال

بلون جسدها وشعرها والثانية ترغب بالتميز والظهور الذى تملكه الأولى فتريد أن تلبس مثلما تلبس وتضع مستحضرات تجميل لها لتشعر هى الأخرى بتميزها، تريد أن تكون مرغوبة وقوية وليست ساذجة وبريئة كما هى.

الاثنتين فى صراع دائم وكلتاهما يضمرا الإعجاب والاحترام للآخر ويظهر المنافسة والتفوق والحقيقة أن الاثنتين سينتهيا إلى الإحساس والشعور ذاته وهو الشعور بالندم والتفريط على ما كان فالأولى سينتهى بها المآل إلى رجل وأنت تعلم جيدًا حقيقة الرجل الشرقى وقدرته فى إطفاء أى أنثى منيرة وزاهية.

والإحساس بالخزى والعار والدونية سيطال الجميع، سيطال الأولى التى تطمح فى إرضاء زوجها فما سيحدث هو أنها ستشعر بالامتعاض من حياتها وستشعر بالندم على ما فاتها وأنها قصرت فى حق الله وأولادها وبيتها وزوجها وأنها تركت نفسها للشيطان يتلاعب بها.

أما الثانية فستندم هى الأخرى لأنها ادخرت حيائها وعفتها وجمالها لرجل واحد فقط ربما يزهدها هى الأخرى وإذا كانت محظوظة سيهديه الله الى الرشد بأن يحافظ عليها ولا يبكى عينيها، لن ترضي هى الأخرى عما حصلت عليه فعلى الرغم من أن رجلها

يرفع رأسه عالياً وأولادها يشعرون بالفخر من حياء أمهم وعفتها وسيرتها الحسنة إلا أنه وحين تشعر بالامتعاض والحزن لأنها لم تعش حياتها وضحت فى سبيل ذلك بالكثير فلا هى لقت من يشجعها ومن يوجهها ومن يفتح لها آفاق عقلها وقلبها ولا هى وصلت إلى ما تريد أن تصل إليه من قوة وسلطة كادت أن تدفع ثمنها حيائها، فى نهاية الأمر ستندم جميع الفتيات وتشعر بالغصة داخلها.

ستندم الصغيرة على زواجها مبكرًا وأنها لم تحصل على ما تريد من الدين ومن دروس مستفادة ومن قوة تحميها وتحمى صغارها وستندم الكبيرة التى تزوجت فى سن متأخر على أنها فرطت فى الكثير فى مقابل زهيد يرغبه البقية ولا تشعر هى بقيمته.

ستندم التى تزوجت وستندم التى لم تتزوج لأن المجتمع كله يري منها أنها لا تستحق ذلك وأن رغبتها فى الزواج هذه تجعلهم يعرفون تماماً كيف يشعرونها بالنقص والخزى والعار والدونية، تجعلهم يعرفون نقطة ضعفها وأن هذه النقطة هى التى تؤلمها فيبدأوا يضغطون عليها كلما لمعت.

فكرة أو هدف تجلى فى عقلها كلما شعرت بسعادة أو مغامرة أو قوة مفرطة، كلما ضوت روحها وانارت واستنارت؛ ذكروها بنقطة ضعفها تلك التى تؤلمها وبشدة.

إذا شعرت بأنها وحيدة وحزينة وغير مرغوب بها ذلك بسبب عدم زواجها، إذا ما جعلها أحدهم تشعر بالوجيعة والفراق ذلك بأنها غير مرغوبة، إذا ما غازلها أحدهم أو تحرش بها لأنها غير متزوجة.

لن تنظر إلى نعم الله التى تملأها ولكن تشعر بذلك النقص ومشاعر الخزى التى تؤجج انفعالاتها، هو الاحساس بالدونية والنقص والعار الذى يملأ جميع الفتيات، هو الانكسار اللواتي تواجهنه كلهن والذى يملئهن حزنًا ووجيعة.

ومن الأساس فالرجال كائنات معقدة!

فيا ست الحسن والجمال هنالك ثلاثة عقد طبيعية عند الرجال:

١) عقدة هارون الرشيد

٢) عقدة الكازانوفا أو الباد بوى

٣) عقدة حوريات الجنة والحور العين

فتجدين أنه من الطبيعي أن يشعر الرجل برجولته ومدى أهميته وجودته واستحقاقه بعدد البنات أو السيدات اللواتي يدرن فى فلكه ويقدمن له فروض الولاء والطاعة.

فالرجل يرغب فى الجميلة والذكية والناجحة والطويلة والقصيرة والمحبوبة والمتسلطة، يرغب فى الجميع وكلما كانت الفتاة أكثر

صعوبة وقدرَ أن يضمها لحاشيته كلما أصبح أكثر فرحاً وإحساساً بالجودة والعظمة.

وهذا يأخذنا لنقطة ثانية إلا وهي عقدة كازانوفا قديماً أو حديثاً...

عقدة الباد بوى...

فتجدين الرجل السيء أو الذي يريد أن يترك لديكِ إنطباع بأنه زير نساء وله من المغامرات النسائية صولات وجولات، قديمًا كان الرجل له عشيقة تزداد أنوثة وغنج وحُسن عن زوجته "أم العيال" الست أمينة الأصيلة التي طالما وقفت إلى جواره في المحن والشدائد. غالباً ما كانت تلك العشيقة واحدة فقط.

تطور الأمر فى العصر الحالى وأصبح الرجل له ما يسمى بالـ"أكس" وهى حبيبته السابقة والكراش وهى التى يرغب فيها ولكن هى أفضل منه والـgirl friend وهى صديقته وعشيقته وهى التى يمارس معها الغرام!

ثم حبيبته وهذه هي أول حب في حياته ولكن فرّقهم القدر!

وأيضاً الزميلة في العمل التي تجهز له الفطور ثم أخيراً وليس آخراً شريكة العمر ورفيقة الدرب "أم العيال".

فكلها مسميات يا عزيزتى يضحكون بها على الذقون حتى يجعلكِ تدورين فى فلكه كما يفعل هارون الرشيد.

يعنى بكل ببساطة هذه هى المسميات الحديثة التى تجعل الرجل يضمك لحاشيته ولكن بطريقة لائقة بعض الشيء وأكثر حداثة من قبل فإذا لم ترقي لأيًا من تلك المسميات ولكن يرغب بكِ فى جواره يدُخلك إلى الـ friend zone

يكون لسان حاله هو:

- بصي هو أنتِ قريبة مي، أحنا قريبين من بعض بس معرفش اللى بينا دا اسمه إيه

وتلك طريقة خبيثة ليتخلى عن إلتزامه معكِ، كل هذه مسميات غربية دخيلة علينا ارتضيانها بيننا أو ارتضاها الرجال بمعنى أصح لأنها ستوفر لهم الإحساس الذي ينشدونه وهو الشعور بالقبول والرضا والاستحقاقية.

حتى إذا ما وجدت رجلاً كامل العقل والرجولة متدين الطبع ذو أخلاق حسنة يتحدث تارة عن خشية الله وتارة أخرى عن جنة عرضها السماوات والأرض أعدت للمتقين ويصف ما بها من بهاء ولذة منقطعة النظير ثم يتطرق الى جمال وبهاء الحور العين فى الجنة وأن الرجل له أكثر من حسناء وكل ما يرغب فيه من جميلات الحور اللائي هن أجمل من نساء الدنيا.

والتى تتفوق عليهن فى الحسن أنها امرأة مؤمنة تغض الطرف

عن جميع الرجال ثم إن حور العين صغيرات فى السن وشابات، تتراوح أعمارهن بين بين العشرين والواحدة والعشرين وقد تصل النساء فى الجنة أعمارهم إلى الثلاثين حسب رغبة الرجال.

ثم تنظرين الى سمته وحاله فترين أنه معدد يتزوج أربعة ثم يطلق ويتزوج بأخريات ثم يطلق ويتزوج بأخريات وكأنه يريد أن يعيش جنة الله على الأرض ويكون له من الحوريات كما له فى الجنة ولسنا على خلاف معه أو غيره ولكنها طبيعة الرجل ورغبته فى التعدد ولو كان فقيرا معدمًا لا يملك من الدنيا إلا أمانيه ورغباته.

لا تركنى إلا لله وإذا طلب منكِ فاحشة أو لهوًا فأعلم أنه شيطان (إن الله لا يأمر بالفحشاء والمنكر افتقولون على الله ما لا تعلمون) من الفتيات من يتعلقن قلبهن بالذهب والفضة والمال والملابس وأدوات التجميل وأدوات العناية بالبشرة والشعر.

منهن من يتعلقن قلبهن بكبار السن...

أو الرجال والشباب...

أو شاب وسيم...

أو إحدى صديقاتها...

أو كلب أو قطة أو حيوان...

أو من يتعلق قلبها بالمساجد والمقابر...

أو من يتعلق قلبها بزوجها...

أو من يتعلق قلبها بطفلها...

أو من يتعلق قلبها بجمالها وحسنها...

فكلما تعلق قلبك بأحد هذه الأشياء اذاقك الله مر التعلق حتى لا تركن إلا إليه.

فمن تعلق قلبها بكبار السن: سترى الحسد والغيرة والمقارنة فى عقولهم وقلوبهم وستدرك أنه يتم استغلالها وغسل دماغها لأهدافهم ورغباتهم هم (سترى من لديه أجندات يريد أن يحققها ويستغلها فى الحصول عليها)

سترى من يرغب فى جسدها لنفسه وشهوته...

سترى من يفضل عليها زوجته وأولاده ويسعى لأن تشعر امرأته بالرضا عن نفسها بالمقارنة معها.

سترى من يريد المساعدة حقاً ومن لا يريد.

سترى من يرغب فى الاستغلال.

سترى المنافسة الشديدة والرغبة فى السيطرة عليها وتوجيهها لأجندات ورغبات شخصية.

سترى الفجوة الزمنية بين الموروثات والعقائد والخبرة التى واجهها الكبار والمصائب والأوجاع والألم الذين حصلوا عليه والتى يدعون حمايتها منه فإذا ما اذعنت لرغباتهم تجاوزت الصعاب أما اذا ما استمرت على ماهى عليه فسيلحقها عقاب الله.

سترى اختلاف العقول واختلاف الإدراك والفرص التى حصلت هى عليها ولم يحصلوا عليها وعليها أن تذعن وترضي وتحترم الكبار.

سترى المؤامرات والظلم والطغيان حتى يتحقق لهم ما يريدون، يجردونها من كل الحيوات ومن لقمة العيش وحياة هادئة مريحة هنيئة وأنها بذلك ترضي الله وهى لا ترضي بذلك إلا أعدائها ومن يرغبون فى إضلالها.

ومن تعلق قلبها بالرجال ستعلم أنهم مخلوقات لا تشعر بالرحمة نظراً لاختلاف فيهم ليس الذكر كالأنثى، ستواجه التوستيرون ورغبة الرجال فى المنافسة والسحق والحب والملكية، ستعلم أن الرجال لا يرغبون سوى بإمتاع أنفسهم، لا يرغبون إلا فى النساء وقضاء وطرهم منهن!

لا يشعرون بالحزن على النساء ولا بالتعاطف، لا يريدون غير ذواتهم والنرجسية تملاؤهم حتى لو كان الأقبح بينهم جميعاً فهو مميز ومختلف ومرغوب فيه فهذا ما أكدته لهم أمهاتهم صغارًا

أما من تعلق قلبها بصديقتها الفتاة فسترى الأعاجيب من أفعال لا تفهمها، هل هى حقًا ترغب فى معانقتها وضمها وتشعر بالحنين لغيابها أم ترغب فقط فى إذلالها وأخذ ما ليس لها بحق أم ترغب فيما فى يديها ورزقها!

ستعلم أن كل فتاة تشعر وكأنها محور الكون...

ستعلم أن كل فتاة تشعر فى قرارة نفسها بأنها المميزة والمختارة والمنشودة...

ستعلم أن كل فتاة تحسد وتحقد وتغير من الأخريات وهذا بفضل الهرمونات التى ساعدت على أن تزيد أنوثتها وجمالها.

ستعلم فتاة تكرهها بشدة وتتمنى لها الموت لأنها أدركت كم السعادة التى ستحصل عليها فى حياتها.

ستعلم أن لا أحد يرضي من الفتيات بما لديه والكل يرغب فى الحصول على كل شئ لتصبح هى المميزة المنشودة المرغوبة الممنوحة أما إذا تعلق قلبك بشاب وسيم فستعلمين حينها أنه ليس له قلب فوسامته حيلة يستخدمها ليدخل بها قلوب كل الفتيات وتثق جميع الفتيات به وترغب في الحصول عليه، تشتهيه سرًا وتطمح فى معانقته أو أنه له قلب ملئ بنساء الدنيا كلها أو أنه لا يكتفى بأنثى واحدة بل يرغب فى الجميع وحبه لكِ ماهو إلا حب مشروط بمدى امتاعك له!

وحبه لكِ هو حب تحصل عليه جميع الفتيات فلا تطمحى أن تكونى مميزة بين يديه ومعه أما إذا تعلق قلبك بالمقابر:

فهذا عين العقل كما يقول كبار السن ولكن أولست صغيرة شابة جميلة على كل ذلك الحزن والبكاء أما لكِ أن تكوني شابة فرحة حرة ترغبين فى الدنيا والرجال والزواج.

لماذا تعيشين دور رابعة العدوية والصديقة مريم ابنت عمران، لن تصلى أبدًا إلى حسن قلوبهن فأنتِ حقاً ضعيفة، إيمانك ليس قويًا مثلهن ولكن الحزن والبكاء والأسود لا يليق بكِ.

يليق بكِ الفرح والسعادة فى غير طغيان والسلامة والرحمة والرضا والقبول والحب.

الاستيقاظ الحقيقي

إنكار: فى شهر ما لا أذكره

- عمى مالك أنت كويس، إيه اللي سمعته دا ؟
- أيوه يا حنان، أنا مش عارف أنا عندى إيه، وجع فى بطني والدكاترة مش راضيين يقولوا.
- متقلقش أنا هصور الأشعة وهترجمها على على google translate

لحظة اكتشاف

سرطان قولون من الدرجة الرابعة بجانب سرطان للرئة؛ الحالة وصلت إلى النهاية ولا أمل فى العلاج وذلك بعد أسبوع كامل من البكاء وحرق الدم وتعب وإرهاق كامل للأعصاب.

- اه يعنى تعبان شوية ها طلع عندى إيه؟

- مفهمتش حاجة بصراحة، الكلام كله مصطلحات طبية ومش فاهمة حاجة يا عمى، المهم عايزاك تبقى كويس.

أخذت الهاتف وحادثت كل أقاربنا لأخبرهم بالأمر حتى نكون بجواره لربما يدخل ذلك السرور إلى قلبه ويشفى من ذلك المرض اللعين ولكنه في الأخير استسلم ...

استسلم لألم...

الألم كان أكبر من أن يحتمله فكان يطلب الموت ويدعو الله أن يرده إليه ويؤهلنى لرحيله بأن يقص عليَّ مناماته التى تخبره بأنه مطلوب للحياة الأخرى وأنه مختار وسيتم دفنه وعليَّ أن أتقبل الأمر.

كان يحاول أن يعاملنى بقسوة حتى لا أتعلق به أكثر وأتاثر لوفاته ولكنه كان يلين حتى مع وجود الألم لحنانه ولطفه البالغ بي ثم فى يوم من الأيام اوقظونى من نومي مع صوت بكاء ونحيب عال وأنه قد توفى ليلة أمس وأن صلاة الجنازة والعزاء اليوم!

14 اغسطس 2022

وعلى عكس المتوقع من حتمية شعوري بالألم والحزن والبكاء الشديد...

لم أشعر بشئ!

لست حزينة على وفاته!

لقد غدر بي!

انتزع قلبي من صدري وذهب به إلى الله وتركنى بلا قلب، شعرت بأحاسيس لم أشعر بها قط.

أعرف تلك الأحاسيس وأبغضها بشدة ولكنى لا أستطيع وصفها، فهو لم يمت، أنا أشعر به وهو يخاطبني فى عقلي دائماً؛ يوجهني ويساعدني.

إلا أني فهمت أخيرًا؛ أنني سألتقي به مجددًا وأن الله الذى كان رحيمًا بي إلى هذا الحد وسخر لي ملاك يحميني ويؤيدني وينصرني ويقويني وينصحني طوال حياتي، أنه سيسخر لي

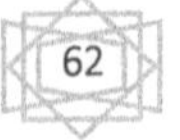

الطيبين دائمًا أبداً وسيشملني برحمته وسيربط على قلبي ولا يريد لي إلا الجبر والعزة.

فاللهم لك الحمد حتى ترضى.

اليوم التالى

صفعة

ايقنت أن الحب الحقيقي غير المشروط كان يقدم لى على طبق من ذهب في قلب عمي حمادة، كان يلعب معي ويحبني حب حقيقي سواء كنت صغيرة وينصحنى كبيرة، أهملت كل ذلك وسعيت للحصول على حب مزيف تافه، سعيت للحصول على حب مزيف بينما كان يصب عليّ الحب صباً من قلب سليم.

إن المشكلة لم تكن أبداً فيهم؛ فى حازم أو آدم أو أي بني آدم على وجه البسيطة، إن العطب كان من البداية فى رأسي والوهم ما ملأ أحدًا سواي، ملئت رأسي بأفلام ديزنى البعيدة تمام البعد عن الواقع وشرعت فى ملأ رأسي بأفلام الحب والرومانسية المزيفة التى لا توجد أبدًا على أرض الواقع، ملئت قلبي بالوهم حتى ضاعت الحقيقة!

أحبك يا عمي وسأظل دائمًا ممتنة لكل ما قدمته لي، محافظة على عظيم مقامك في قلبي.

علمتني درساً غالياً بعد فوات الآوان...

علمتنى درساً كان ثمنه جل قلبي.

لمن تحبه؛ اعلمه أنك تحبه وأجعل له قلبك جنة من الوفاء والحب والإخلاص والتضحية ومن تكرهه فأكرم نفسك عنه بالهجر، هذا هو الدرس الثمين الذى علمه أياي...

حبيبي عمو حمادة.

قم بتنزيل برنامج QR CODE Scanner من Play Store لقراءة الأكواد

ضيف هاتف الدار على موبايلك مباشرة

لزيارة موقع الدار

لزيارة صفحة الدار

للتواصل مع الدار واتس آب

مجلة الدار لإصداراتها الورقية